서병진 제4시조집

문학은 삶을 윤택하게 하는 도구

저자 | 향토시인 가산 서병진

도서출판
IB 아이비에드

문학은 삶을 윤택하게 하는 도구

『문학은 삶을 윤택하게 하는 도구』를 내면서 여는 마음

    2025년도는 의미 있는 해이다. 한국문예작가회에서 문학의 길 50년 된다고 하여 축하의 감사패를 받았다. 1975년도 3학년 담임 10명이 부부동반 하여 여름 방학을 기하여 학년 부장으로 제주도 여행 중 지은 시 『75동우』와 몇 편을 발표하였다. 그리하여 문학을 택하게 되었고, 문인 생활 50년이 되는 해이다.

    생활 주변에는 예술문화 생활을 하면서 다양한 방법으로 삶의 의욕을 고취 시키고, 본인의 숨겨진 재능을 발휘하는 계기를 마련하는 도구들이 있다. 그중에서 문학도 있다. 문학이 최고다. 왜냐하면 활동하는데 간편하고 뇌는 활력을 주기 때문이다. 갈 곳이 있고 가면 환영받고 만남에 웃음 짓는다. 또한, 할 일이 있기에 좋다.

    이번에 발간한 시조집은 제4시조집 『문학은 삶을 윤택하게 하는 도구』이다. 로 정했다. 원래 시 쓰다. 문학의 장르를 두루 쓴다. 논문집 14집, 수필집 1권, 칼럼집 1권, 시조집 4권, 시집은 『이파리 없는 나무도 숨은 쉰다』, 『문학기행은 이삭줍기』 외 시집만 12권을 발행했다.

   시조는 우리나라의 고유 문학의 장르이다. 정격시조는 초장 3, 4, 3, 4, 중장도 3, 4, 3, 4, 종장은 3, 5, 4, 3이다. 글자 수를 위와 같이 맞추어 쓴 시조가 정격시조이다. 시조는 정격시조를 써야 한다.

   시조는 우리나라의 문학 장르 중에 고유의 장르이므로 우리나라의 문화유산에 등재되어야 하고, 더 나아가서 세계의 문화유산에 등재되어야 한다. 시조를 바로 알고 바로 써야 한다. 즉 정격시조를 써야 한다는 것이다.

   저는 정격시조를 쓴다. 전부 정격시조이다. 이번 시조집에 수록된 정격시조 졸작이지만 읽고 음미하여 주시면 더없는 영광이다. 또한, 많은 지도 바랍니다. 감사합니다.

2025년 11월 10일 가산 쉼터에서
향토시인 가산(嘉山) 서병진

서병진 제4시조집
『문학은 삶을 윤택하게 하는 도구』를 내면서
여는 마음 ································· 2

제1부 문학기행은 이삭줍기

1. 팔미도 이삭줍기 ····················· 14
2. 알밤 이삭줍기 ······················· 15
3. 남산골 이삭줍기 ····················· 16
4. 요일 이삭줍기 ······················· 17
5. 여주 이삭줍기 ······················· 18
6. 검안동 이삭줍기 ····················· 19
7. 알밤 줍기 ··························· 20
8. 문학기행은 이삭줍기 ················· 21
9. 팔미도 등대 ························· 22
10. 한국문예 ··························· 23
11. 한국문예 시화전 ···················· 24
12. 태어난 가산 ························ 25
13. 칠월칠석 날 ························ 26
14. 영동할미 바람 ······················ 27
15. 코리안드림문학 창대. ··············· 28

16. 친구야 ································· 29

17. 하얀 민들레 ······························ 30

18. 장미와 찔레 ······························ 31

19. 세종대왕 ································ 32

20. 문인의 무게 ······························ 33

21. 무형문화재 ······························· 34

22. 도전 꿈의 무대 ··························· 35

23. 나이테 ·································· 36

24. 탑골공원에서 ···························· 37

25. 함께하는 서울길 ·························· 38

26. 탑골공원 ································ 39

27. 홍수 대란 ································ 40

28. 카눈 태풍 ································ 41

29. 벼룩시장 ································ 42

30. 갑진년 새 아침 ··························· 43

31. 택배 ···································· 44

제2부 문학은 비타민이다

32. 바람 색깔 ································ 46

33. 그 사람 나 ······························· 47

34. 오찬 ···································· 48

35. 그리운 그대 ······························ 49

36. 우리의 총장 ······························ 50

37. 김천 이삭줍기 · 51
38. 관악산 어느 시인 · 52
39. 그대를 만나면 · 53
40. 그대 · 54
41. 예쁘다 · 55
42. 그리움 · 56
43. 그대는 말이 없다 · 57
44. 나영봉 삼행시조 · 58
45. 종로거리 · 59
46. 아까시 꽃잎 · 60
47. 호연꽃 · 61
48. 화병 꽃 · 62
49. 애기봉에서 · 63
50. 까치의 지혜 · 64
51. 장독대 · 65
52. 투표 · 66
53. 총선투표 · 67
54. 장맛비 · 68
55. 연암 박지원 · 69
56. 가을 마음 · 70
57. 추심 · 71
58. 겨울 마음 · 72
59. 새만금 잼버리 · 73

60. 통일을 외치다 ································· 74
61. 귀뚜라미 소리 ································· 75
62. 비가 오다 ····································· 76

제3부 문학은 삶을 윤택하게 하는 도구

63. 천년송 ······································· 78
64. 옛 담장 ······································ 79
65. 노루목 ······································· 80
66. 고성 홍가리비 ································ 81
67. 하모회 ······································· 82
68. 고성 한마당 축제 ····························· 83
69. 허수아비 경연대회 ···························· 84
70. 총쟁이 식당 ·································· 85
71. 재경고성중 사나이 ···························· 86
72. 문학은 삶을 윤택하게 하는 도구 ············· 87
73. 자갈치 ······································· 88
74. 자갈치 아지매 ································ 89
75. 사랑의 길 ···································· 90
76. 설날 거리 ···································· 91
77. 신륵사 ······································· 92
78. 독도의 창대 ·································· 93
79. 독도의 눈 ···································· 94
80. 영월루에서 ··································· 95

81. 봄꽃 바람 · 96
82. 춘심 · 97
83. 봄마음 · 98
84. 하심 · 99
85. 여름 마음 · 100
86. 더위 · 101
87. 무더위 날 · 102
88. 봄은 언제 오는가 · 103
89. 독도의 은하수 · 104
90. 독도의 동서독 · 105
91. 백범 김구선생 동상 · 106
92. 탄핵 · 107
93. 지하철 시 · 108

제4부 이파리 없는 나무도 숨은 쉰다

94. 동문황견 · 110
95. 꽃들의 잔치 · 111
96. 하늘이면 하늘 · 112
97. 밀양 팔경 · 113
98. 밀양의 세 가지 신비 · 114
99. 표충사 · 115
100. 태극기 · 116
101. 손님 것 · 117

102. 아침에 ··· 118
103. 참 미운 날 ··· 119
104. 잼버리 ··· 120
105. 이산 저산 ·· 121
106. 원각사지 십층 석탑 ······························ 122
107. 신발 끈 ··· 123
108. 성탄절 ·· 124
109. 세배 ·· 125
110. 동심 ·· 126
111. 비 오는 날 서울역 ································ 127
112. 북녘의 그리움 ···································· 128
113. 비 오는 날 나뭇잎 ································ 129
114. 문학사랑신문 휘날이다 ························· 130
115. 기다리는 마음 ···································· 131
116. 병실에서 ··· 132
117. 그 꽃 ··· 133
118. 구룡소 ·· 134
119. 고드름 ··· 135
120. 입춘 하늘 ··· 136
121. 탱자나무 ··· 137
122. 세월을 읽다 ······································· 138
123. 실레마을이란 ····································· 139
124. 통일의 소리 ······································· 140

제5부 디카 시조 편

125. 뜨락에 핀 철쭉꽃·················· 142
126. 병산재 후예 ··················· 143
127. 황포돛단배 타고················· 144
128, 영월루에서··················· 145
129. 동검리 아삭줍기················· 146
130. 전등사····················· 147
131. 김유정문학촌 이삭줍기············· 148
132. 꽃 따는 참새·················· 149
133. 담쟁이와 찔레꽃················· 150
134. 붉은 장미··················· 151
135. 나는 여기서··················· 152
136. 개나리꽃 향기················· 153
137. 숲속의 공연장················· 154
138. 서울역····················· 155
139. 노숙의 삶··················· 156
140. 상처의 흔적·················· 157
141. 남근목····················· 158
142. 잼버리 조기 폐영················ 159
143. 독도의 탐욕·················· 160
144. 독도의 일출·················· 161
145. 독도의 밤··················· 162

146. 독도의 바람 ························· 163
147. 독도의 동서독 ······················ 164
148. 독도의 눈 ·························· 165
149. 까치집 ····························· 166
150. 동산에 홍일점 ······················ 167
151. 꽃과 나비 ·························· 168
152. 민들레꽃과 비둘기 ·················· 169
153. 탑골공원의 석재유구 ················ 170
154. 푸른 집 주목 ······················· 171
155. 판곡마을. ·························· 172

〈평설〉

문학은 삶을 윤택하게 하는 도구 ················ 173

제1부

제1부 문학기행은 이삭줍기

팔미도 이삭줍기

푸른 물 하얀 물결 파도에 사랑 실어
마음을 꼭 잡고서 바다에 시를 낚아
올려서 읊어보면서 이삭줍기 즐겁다

팔미도 등대 불은 어둠을 밝혀 주는
등대로 우리나라 최초의 등대로서
세계의 기록물 등재 자랑스런 등대다

어려운 상륙작전 시발점 큰 몫을 한
곳으로 역사 속에 빛낸 곳 팔미도를
가꾸어 바다 길잡이 영원토록 빛내자.

※주 : 제81회 한국문예작가회 2024년 추계문학기행
　　　인천시 팔미도 이삭줍기(2024.10.10.목)
　　　한국문예(2025.06.14), 제11호 54쪽
　　　한강문학(2025.06.15), 제39호 PDF 2025 여름호 295쪽
　　　서울문학(2025.03.10), 제27권 제105호, 2025년 여름호
　　　시조 시인 7 인선 63쪽

알밤 이삭줍기

선선해 지기만을 바라던 한국문예
알밤을 줍기 위해 연수원 주변에는
밤송이 떨어져 있는 이삭줍기 즐겁다

가을에 영그는 삶 이제는 가슴 깊이
나뭇잎 떨어지는 소리에 나의 삶도
익어서 알밤 뒹굴며 가슴에도 뒹군다

한국의 문학단체 유일한 연수원은
시 창작 소재 찾아 발길은 잦아지고
문인의 바쁜 손놀림 이삭줍기 바쁘다.

※주 : 가교문학(2024.12.17), 제10호 257쪽
　　　은점시학당(2025.01.19), 2025년 상반기 제6호 초대시 30쪽
　　　한강문학(2025.06.15), 제39호 PDF 2025 여름호 296쪽

남산골 이삭줍기

화창한 하늘 아래 가을이 익어가는
남산골 아이들은 우리 것 외쳐보는
소리에 박수 보내는 어른의 모범이다

남산골 한옥마을 흥겨운 우리 소리
초등생 목소리에 해맑은 가슴 깊게
울림에 우리 국악인 방아타령 최고야

어린이 목소리는 가슴이 뭉클하고
아련한 마음으로 가슴에 새겨본다
민요는 우리의 가락 얼쑤 좋다 지화자

남산골 서울 마당 어린이 놀이터는
젊음의 꿈을 펼쳐 보는 곳 푸른 마당
공연장 어른들은 잘 가꾸어야 하는 곳.

※주 : 영재한음(국악)회 서울남산국악당(남산한옥마을)
크라운해태홀 초등학생 공연 관람(2023.11.05)
가교문학(2023.12.19), 제8호 204쪽
청계문학(2024.09.20), 제46집 2024 가을호 213쪽

요일 이삭줍기

월요일 월색에서 지은 시 찬란하고
화요일 화려하게 지은 시 빛나는 시
수요일 수수하게도 지은 시가 명시다

목요일 목숨 걸고 지은 시 최고이며
금요일 금쪽같이 지은 시 금 같은 시
토요일 토란 알처럼 책갈피에 담는다

일요일 일하면서 지은 시 모아보니
요일은 감성 따라 시작품 맛깔 난다
글감은 정서에 따라 이삭줍기 즐겁다.

※주 : 청계문학(2025.04.12), 제48집 봄호(2025) 208쪽
    월간 국보문학(2025.05.01), 통권 201호 표지 사진과 84쪽
    한국문예(2025.06.14), 통권 11호 55쪽
    한강문학(2025.06.15), 세39호 PDF 2025 여름호 295쪽

여주 이삭줍기

왕릉인 세종대왕 앞에서 고개 숙여
그날을 상기하며 한글의 우수성은
모두가 인정한 유산 세계에서 빛난다

영월루 시 한 수를 읊어서 여주시로
신륵사 성불 받아 가슴에 안고서는
남한강 황포돛단배 시조창에 춤춘다

조선말 명성황후 생가는 아담한 뜰
여주시 역사성의 자랑이 휘날린다
훗날을 위해서라도 길이길이 돌본다.

※주 : 제76회 한국문예작가회 2024년 춘계문학기행
　　　및 제12회 백일장 행사 후 지은 시조(2024.04.26)
　　　가교문학(2024.07.02), 2024년 제9호 267쪽
　　　서울문학(2025.03.10), 제27권 제105호, 2025년 여름호
　　　시조 시인 7 인선 62쪽

검안동 이삭줍기

검안동 하얀 물결 은모래 가슴으로
안고서 속앓이를 품어서 함께하는
봉사로
깊은 바다에
시 한 수를 낚는다

오물을 아무 때나 버리면 말 못 하는
물고기 물속에서 다이빙 쳐다본다
누군지
하얀 모래를
웃음으로 줍는다.

※주 : 인천 검안동 바다살리기청소 봉사활동(2024년 5월 16일. 목)
    청계문학(2024.09.20), 제46집 2024년 가을호 212쪽
    한국문예(2024.12.12), 제10호 48쪽

알밤 줍기

가을이 익어가는 좋은 날 한국문예
알밤을 줍기로 한 연수원 주변에는
밤송이 떨어져 알몸 토실토실 웃는다

가을에 내리는 삶 알밤의 나의 삶도
나뭇잎 떨어지는 소리에 읊어 본다
익어서 알밤 뒹구는 삶도 함께 익는다

한국의 문학단체 유일한 연수원이
알알이 익어가는 연수원 알밤처럼
여무는 한국문예의 작가회는 빛나다.

※주 : 가교문학(2024.12.17), 제10호 257쪽

문학기행은 이삭줍기

문학은 삶을 윤택게 하는 도구이며
봄 여름 가을 겨울 언제나 곁에 있는
도구라
주워 모아서
망태 담아 오는 시

창작은 언제든지 누구와 함께하는
커다란 보물이라 메모지 배꼽 하게
적어서
기록해 놓은
문학의 이삭줍기.

※주 : 서울문학(2023.09.10), 제25권 제98호 151쪽
　　　한국문예(2023.11.22), 제8호 189쪽

팔미도 등대

인천시 연안부두 물살로 하얀 파도
물안개 날리는 날 최초의 등대 찾아
역사 속 팔미도 탐방 우리나라 최초다

1039년 6월 11일 설립한 등대이라
세계로 등록시켜 자랑인 팔미도의
등대는 인천상륙작전의 첫발이었다.

팔미도 등대 불빛 물안개 앞을 가려
가는 길 헤매어도 불 밝혀 인도하는
등대라 사방팔방을 길이길이 빛이다.

※주 : 제81회 한국문예작가회 2024년 추계문학기행
　　　인천시 팔미도 이삭줍기(2024.10.10.목)
　　　한미문단(2025.06.25), 2025년 여름호 특별초대석 42쪽,
　　　한국문인협회 미주지회

한국문예

한국의 문학예술 하늘을 휘어감는
문학의 꽃과 예술 세상에 펼쳐 놓은
문예는 삶을 꽃피게 하는 돋움이 된다

오늘과 내일의 삶 문예를 노래하는
문예인 아름다워 너와 나 사람답게
멋지게 살아간다는 자부심에 춤춘다

문예지 한국문예 으뜸인 글과 그림
창작을 자랑하는 문예지 한국문예
대표작 종합문예지 한국문예 드높다.

※주 : 한국문예(2025.06.14), 제11호 56쪽

한국문예 시화전

가을을 맞이하여 광화문 교보문고
입구의 거리 벽면 화려한 시화 액자
시인의 걸작 빛나는 작품들이 모였다

전시장 오고 가는 사람의 발걸음도
멈추고 깊은 시화 음미에 시간 가는
휴대폰 보면 걸음을 재촉하는 관람객

가을꽃 만발하는 시향을 날리는 시
유튜브 세계로의 펼치는 시와 이름
시화전 한국문예가 자랑하는 전시장.

※주 : 한국문예(2025.06.14), 제11호 57쪽
　　　고성문학(2025.09.25), 제42호 2025, 84쪽

태어난 가산

사계가 늘 그윽한 향기가 서리는 곳
양달산 진달래꽃 필 때는 화전놀이
그때는 그 시절의 정 그리움의 이웃 정

철둑을 지나서는 쭉 곧은 신작로에
양쪽의 문전옥답 농부의 웃음소리
판곡리 자랑이라고 하늘 높이 외친다

너른지 위아래 땀 마르개 갈망개의
풍부한 곳간의 정 가득히 나누는 곳
산산이 사라져버린 삼곡초등 학교터

시대와 세월 따라 거주를 부산에서
관료를 벗고 서울 거주로 글쓰기로
나날이 문필 문단이 활동이라 앞선다.

※주 : 한국문예(2023.11.22), 제8호 190쪽

칠월칠석 날

견우와 직녀가 만나는 날 오작교의
무지개 다리 놓아 만나는 사랑의 길
서로의 떨어져 있던 날에 사랑 찾아네

내리는 비에 젖어 상봉의 견우직녀
무지개 다리 꽃길 눈물 꽃 사랑 눈물
이별의 슬픈 눈물이 견우직녀 팔자다

애틋한 사랑에는 가슴만 쓸어 안고
만남의 시간들이 짧기만 하는구나
그립다 까막까치들 다리 놓아 또다시.

※주 : 한국문예(2024.12.12), 제10호 51쪽
짚신문학(2024.12.17), 제26호 2024년 겨울호 초대시조 33쪽

영동할미 바람

이월삭 할미바람 소지로 액을 태워
바람을 잠재우고 풍속을 내리받아
정화수 앞에 놓고서 정성껏 빌어본다

수호신 동네마다 자리한 정자나무
할머니 영동할미 앞치마 바람 막아
풍년을 가마니에다 담아내던 그 시절

할미를 할머니로 할매도 할머니로
자라는 어린나무 본받아 자란 나무
큰 나무 되어 사물을 올바르게 바룬다.

※주 : 가교문학(2023.06.26), 2023년 제7호 초대시조 19쪽,
　　　표지 얼굴 사진 첫 번째
　　　PEN문학(20263.07.17), 2023년 7·8월호 통권 174호 69쪽

코리안드림문학 창대

새벽의 이슬처럼 해 맑고 용기 주는
따스한 가슴마다 감동에 싸여지는
문학은 드림문학이 휘날리는 것이다

알알이 여무는 글 들녘에 흘러넘쳐
세계로 펼쳐 나갈 책갈피 걸작들이
숨 쉬는 오늘 내일을 기다리고 있는 글

이제는 모닥불이 세계로 등대처럼
비추어 인도하는 드림은 평화로운
마음은 드림문학이 선두에서 보인다.

※주 : 코리안드림문학(2025.03.01), 2025 창간호 축시 52쪽

친구야

친구야 반갑구나 너만은 변치 않는
친구야 우리의 짧은 여정 자주자주
만나서 너털웃음을 웃어보자 친구야

오늘 밥 함께 먹자 지갑은 집에 두고
간편한 차림으로 모여서 편안하게
신선한 물회 먹어요 너도나도 한 점씩

우리들 작은 모임 우리가 향유하는
세월의 흐름에도 건강을 유지하고
서로가 굳센 의지 갖고 내일도 또다시

내일도 오늘같이 물회를 풍족하게
먹고는 추임새로 장단도 맞춰보며
우리가 불러 보면서 손잡아요 다 함께.

하얀 민들레

들이나 길 틈 사이 자생한 민들레는
노오란 꽃잎으로 마음을 주는 그는
하얀 꽃
피는 민들레
두 눈으로 찾는다

하얀 꽃 피는 귀한 민들레 그리하여
약초라 보기 힘든 꽃이라 여겨진다
꽃이여
하얀 민들레
부지런히 피어라.

장미와 찔레

우거진 숲길 속에 정답게 피어 있는
장미와 찔레꽃의 향기는 사촌이다
의좋게 피고 지면은 아쉬움을 더한다

장미는 빨간 노랑 하얀꽃 여러 색깔
누구나 사랑받는 꽃이라 가슴 품에
꽂이며 자부심 가져 힘을 주는 꽃이다

찔레는 꽃지면은 열매가 조랑조랑
촘촘히 열려있는 가지에 눈부시게
그리운 임의 생각에 젖어 드는 찔레꽃.

※주 : 쉴만한물가(2025.06.12), 통권 10호 191쪽
　　　한미문단(2025.06.25), 2025년 여름호 특별초대석 43쪽,
　　　한국문인협회 미주지회

세종대왕

대왕의 세종대왕 묘 앞에 묵념으로
영릉(英陵)의 푸른 잔디 숨 쉬는 한글 잔디
그날의
훈민정음을
선포하는 생일날

그때의 백성들은 말과 글 맞지 않아
귀와 손 따로따로 놀아서 불편함을
여긴 왕
세종대왕이
훈민정음 이었다.

※주 : 제76회 한국문예작가회 2024년 춘계문학기행
     및 제12회 백일장 마치고 짖은 시조(2024.04.26)

문인의 무게

넉넉한 가슴에는 무거운 삶을 안고
날마다 생각 갖고 책갈피 그려 놓는
문인의
무게 아니까
오늘내일 또다시

마음속 푸른 나무 이어진 가지마다
엮어서 펼쳐 놓아 도정 해 명작으로
고뇌의
무게로 닦아
걸작으로 웃음꽃.

※주 : 짚신문학(2024.12.17), 제26호 2024년 겨울호 초대시조 34쪽

무형문화재

문학의 장르 중에 시조를 국가 무형
문화재 지정등록 하려는 학술대회
주제의
발표 이어서
토론자의 논리서

또 다른 시조창도 읊어본 한 목소리
문학을 꽃피우며 새들은 노래하고
삶조차
윤택게 하는
도구이라 말한다.

도전 꿈의 무대

꿈이란 도전 무대 나가서 노래 불러
무대의 누가 누가 잘하는 경쟁에서
보는 이
저마다 평을
한마음의 평이다

KBS 아침마당 도전자 자기소개
귀담아 들어보면 사연도 가슴 슬려
열창에
꿈을 펼쳐서
영광이란 앵콜송.

나이테

시간을 먹어 놓은 세월의 나이 새겨
나날이 가슴 터에 말없이 살금살금
이어진 생명줄이라 헤아리는 계산법

인생의 고비마다 가슴에 쌓아 놓은
시간을 섣달그믐 하나씩 한 바퀴로
탄생한 인생행로에 밤새우는 나이테

해마다 한 둘레로 새겨서 마음 깊이
나이를 한 줄로써 싸여서 겹이 되어
윤택한 삶을 더하는 갖고 있는 도구다.

※주 : 서울문학(2024.09.10), 제26권 제102호 166쪽

탑골공원에서

밤낮을 구별 없이 태극기 휘날리는
공원의 그때 흔적 어느 곳 찾아본다
상징한 동상의 햇살 따스함을 더한다

오가는 사람들이 동상 앞 묵념하는
모습이 그놈들의 만행을 잊져리라
나라의 충성심에도 우리 모두 더하자

참새와 비둘기는 공원의 지킴이다
벗 되어 호주머니 사정을 알아본다
기미년 그때를 알아 다짐으로 지킨다.

함께하는 서울길

함께란 정이 솟는 연미한 서울 거리
밤낮을 북적대는 서울의 세상살이
그대와
함께이라는
서울에서 살리라

목면산 남산타워 하늘을 감는 듯한
파란 눈 북한산을 마주한 서울의 눈
청계천
맑은 물 흘러
님과 함께 살리라.

※주 : 청계문학(2024.12.10), 제47집 겨울호 215쪽

탑골공원

탑골에 그 시간을 기다린 노인들의
얼굴에 주름살이 깊어도 아름답다
고마움 하루의 생활 잊지 못한 나그네

그 시간 기다리기 위해서 줄을 선다
고마워 고맙다고 인사를 마음 깊이
깊숙이 새겨 놓고서 일어서니 세차다

지난날 되새김은 오늘에 묻어 놓고
찬란한 내일의 삶 누구도 꽃피리라
은혜의 밥주걱 손은 아름답다 고맙다.

홍수 대란

호우는 자연 파괴 간밤에 집중 내려
장대비 쏟아지는 아침은 발을 묶어
출근길
어떻게 하나
동동걸음 걷는다

한강은 수위 높아 위험성 경고 소리
수치가 다리 벽에 표시로 교통난을
알리는
홍수의 대란
사전 예방 없는가.

카눈 태풍

바람의 종류에는 대소와 강약 따라
태풍은 피해주는 바람 중 바람이다
카눈은
태풍의 이름
눈 있으면 고른다

곳곳에 비와 바람 세차게 내리는 비
너와 나 사이에는 필요한 조건이라
적당한
비와 바람을
내리면서 불어라.

벼룩시장

동묘는 우리나라 땅인지 관우 숨결
벼룩은 한 마리도 없는데 벼룩시장
종류도 많기도 하다 인생의 삶 이렇다

모였던 인산인해 찾는 것 가지각색
볼수록 재미있는 벼룩의 뛰는 모습
터전의 길바닥 삶이 벼룩시장 뒤논다

길거리 문화 시장 시대에 따라서는
역사의 숨을 쉬는 우리의 동묘 시장
시장과 인생 발바닥 숨을 쉬는 곳이다.

갑진년 새 아침

갑진년 새 아침에 떠오른 태양이여
찬란히 지구촌의 여명을 밝혀주는
용트림
힘차게 솟은
청룡의 해 맞는다

희망과 사랑으로 가슴에 안고서는
창대한 포부 감을 펼쳐진 해이라는
우리의
소원 성취를
다짐하는 새 아침.

※주 : 서울문학(2024.03.10), 2024년 봄호 제26권 제100호 44쪽
　　　가교문학(2024.07.02), 2024년 제9호 265쪽

택배

지하철 보도자리 명찰 앞 기다리다
물품을 받고서는 어깨에 메고 겨우
자리를
잡아 앉아서
한숨으로 짓는다

지하철 무임승차 배달할 하청 가게
주인을 찾아간다 일자리 있다해도
어른의
주머니 속은
저울질에 지친다.

제2부

•

문학은 비타민이다

바람 색깔

바람은 시도 때도 불어서 맑게 한다
봄바람 여름 바람 시원한 바람이라
가을에 부는 바람은 겨울바람 맞는다

봄바람 새싹 탄생 생명을 탄생한다
여름은 땀 흘리는 바람이 땀내 바람
가을바람 오곡 바람 겨울바람 눈바람

봄바람 생명 색깔 여름은 푸른색
가을은 오곡 색깔 겨울은 색을 즐겨
봄여름 가을 겨울의 바람 색깔 젖는다.

※주 : PEN문학(2024.8.28), 2024년 7·8월호 통권 180호 155쪽

그 사람 나

그 사람 이름석자 듣기만 해도 펄 득
눈높이 얼굴 그려 둥글게 그려본다
그 입술 그 봉두으로 사랑받는 그 사람

다변을 꼭꼭 심어 주변을 휘어잡아
주장이 강한 사람 다정한 말재주는
뛰어난 기교의 멋이 만 사람에 앞선다

가랑잎 떨어져도 그이는 어찌할까
세월이 흘러가고 흘러도 지금 같이
문학의 꽃 피어 웃는 아름다운 그 모습.

※주 : 서울문학(2024.03.10), 2024년 봄호 제26권 제100호 45쪽

오찬

희소식 전해주는 길조의 까치 소리
사위가 장인 수상 축복의 오찬 상은
네다리 휘어질 정도 잔칫상을 펼쳤다.

나영봉 디카시의 공모전 이팝나무
쌀밥의 어머니 밥 하얀 밥 하얀 쌀밥
눈앞이 아롱거려서 지은 시가 최고작

사위는 백년지객 상금 타 잡은 통닭
상다리 휘어잡은 따님의 표정에는
아빠와 엄마의 얼굴 웃음꽃을 피운다.

※주 : 한국문예(2024.12.12), 제10호 49쪽
　　　가교문학(2024.12.17), 제10호 256쪽

그리운 그대

꽃피면 향기 있는 그대의 환한 웃음
마음을 꼭 붙잡아 매듭짓는 매력자
그대는 시인이라서 책갈피에 읊는다

나오는 영차하면 봉잡는 행운이라
영혼을 끌어안고 상상 속 그려보다
봉두도 세워 놓으니 휘둘러서 맞선다

착각에 사로잡는 상상력 어이하리
그대의 실력이고 순발력 대단하다
오늘도 함께한 마음 변함없는 동반자.

※주 : 한국문예(2023.11.22), 제8호 188쪽
　　서울문학(2023.12.10), 제25권 제99호 207쪽

우리의 총장

언제나 보고 싶고 만나면 웃음 주는
친구는 꿈에서도 지난날 새겨 본다
오늘도 가슴 가득히 흐뭇해서 웃는다

여전히 따듯하게 온기를 선사하는
총장의 마음속을 짐작만 해봤었다
앞서는 봉사 정신에 문학인의 보배다

기자로 문학평론 일인자 우리 총장
일필에 휘날리는 글 샘에 차곡차곡
쌓아둔 가야 곳간은 후손들의 선행 감.

※주 : 쉴만한물가(2025.06.12), 통권 10호 192쪽

김천 이삭줍기

김천역 도착하니 그대가 마중 나와
낯설지 않은 타향 토속 밥 한 그릇에
지난날 이야기 속에 시간 짧기만 하다

직지사 가을풍경 한 아름 꼭 옥 안고
울림을 주는 불전 중생들 간절하게
치성에 두 손 모으는 우바새와 우바이

장어탕 찾다가는 위장의 재촉 따라
못 이겨 그리워서 밤 추억 이바구에
시간은 자정 넘기고 새벽닭이 깨운다

기름진 들판에는 황금빛 물들이는
김천의 평야에는 새 고라니 찾는 곳
포근한 동네이라서 살기 좋은 곳이다.

※주 : 가교문학(2023.12.19), 제8호 205쪽
　　　한국문예(2024.06.21), 제9호 41쪽

관악산 어느 시인

푸른 산 관악산아 연주대 말해 다오
힘자랑 팔뚝 자랑 입자랑 근육 자랑
우리는 문학인으로 한 수 읊어 견준다.

그대는 가야 영봉 넓은 들 아름다운
들녘에 함께하는 그대의 관악산아
오늘도 힘을 모아서 관악산을 부르자

바윗돌 마루 터에 앉아서 그대 이름
언제나 불러 볼 수 있는 날 영원토록
한세상 넉넉한 마음 변치 않을 그대여.

※주 : 월간 국보문학(2025.05.01), 통권 201호 표지 사진과 85쪽

그대를 만나면

그대의 얼굴은 참 볼수록 정감 있고
웃음은 천냥이요 말 수는 곳간이라
팔다리
근육 자랑에
뭇사람들 녹인다

언제나 그대 이름 부르면 청춘이라
마음을 주고받는 사이라 그것 최고
자랑을
늘어놓고서
참 멋지다 참말로.

※주 : 가교문학(2025.06.26), 제11호 205쪽
　　　청계문학(2025.08.12), 제49집 2025 여름호 222쪽

그대

그대를 만나보면 볼수록 다정하다
환하게 그려지는 그대의 얼굴에는
웃음이
가득 쌓여서
변함없는 편안함

그대의 넓은 가슴 언제나 품어 주는
사랑의 씨앗으로 심어서 나무 그늘
퍼지는
시인의 문장
뿜어주는 글 향기.

※주 : Pocket Press 인터네 보도(2025.06.07)

예쁘다

이쁘다 참 예쁘다 무엇이 이쁘다고
얼굴이 예쁘지요 입술은 참 이쁘지
피부도
하얀 피부에
그냥 이뻐 이쁘다

힘살이 이쁘다고 그것 다 이쁘지요
손가락 가느다란 하기에 좋겠다고
참 좋다
참말로 좋다
그냥 좋다 예쁘다.

그리움

언제나
그리워서
만나면 엎어지고

떠나면
보고 싶은
그대의 모습에는

늘 곁에
있는 것처럼
눈앞 아롱 거린다.

그대는 말이 없다

여명을 밝기 전에 일어나 이삭줍기
채비를 두루 챙겨 가방에 차곡하게
넣고서
시간과 함께
토탁토탁 나섰다

새벽에 짙은 공기 마시며 이삭줍기
서늘한 가슴 깊이 새겨서 섬으로 찬
문학은
삶의 윤택케
하는 도구 이지요.

나영봉 삼행시조

나라가
인정하는
자격증 수다하고

영원히
휘날리는
시인의 창작 정신

봉우리
마다 깃발을
휘날리는 그대여.

종로거리

서울의 거리로서 교통은 중심거리
대중의 문화거리 편안한 마음으로
먹걸이 많은 거리라 호주머니 가볍다

밤거리 요란하고 별들과 친구 되어
젊은 층 집중 모여 주장의 소리 높여
술잔에 담아서 높이 흔들면서 여기다

정치나 행정으로 앞서는 종로구다
청와대 민속관의 역사 속 북한산의
남산을 바라보면서 이 땅으로 지킨다.

아까시 꽃잎

오뉴월 피는 꽃 중 가슴 속 피는 꽃이
나뭇잎 덮어 피는 아까시 나무 원종
천지의 하얀 꽃잎을 덮어 하얀 발걸음

벌 나비 놀이터가 되어서 춤추는 곳
바람에 한 잎 두 잎 휘날려 떨어지는
꽃잎은 밟기 아까워 가슴으로 안는다

향기는 일리 오리 펴지는 코끝 향기
굳건히 그믐 섣달 바람에 이겨서는
또다시 만나는 해도 하얀 꽃잎 아까시.

※주 : 쉴만한물가(2024.11.28), 통권 9호 초대시조 27쪽

호연꽃

하늘에 별이 있고 땅에는 꽃이 있다
꽃 중에 호연 꽃이 피어서 방방곡곡
뭇사람
사랑받게끔
함께하는 손녀다

어제와 오늘처럼 피어난 하얀 얼굴
내일은 활짝 피어 벌 나비 찾아드는
꽃술이
열매가 되게
행복의 꽃 피우리.

*호연 : 외손녀 이름

화병 꽃

밤이나 낮이나 꽃 향기를 품어내는
꽃바람 휘날리는 살갗에 휘어잡는
화병의
본뜻 마음에
너도나도 새긴다

누구나 하는 것은 아니다 자기 몸을
희생의 꽃향기에 벌 나비 찾아본들
손바닥
소리에 그만
앉지 못한 화병 꽃.

애기봉에서

저 산은 이 땅은요 저 앞 밭 아낙네들
만나지 못한 심정 하늘에 되묻는다
분단은 서로의 상처 아픔으로 남았네

누구의 소행인가 푸른 강 푸른 산천
새들은 오고 가고 만나면 깃을 닦고
흥겨운 우리네 가족 만나봐야 정답다

언제나 금수강산 함께할 날이 올까
너와 나 함께하여 마음을 모아서는
저 땅을 오고 갈 때가 빨리 오길 바란다.

※주 : 가교문학(2024.12.17), 제10호 255쪽

까치의 지혜

기쁨을 전해주는 까치는 설계도는
없어도 튼튼한 집 짓기에 일급 목수
망치도 없고 접착제 쓰지 않는 까치집

못하나 쓰지 않고 가지만 사용하는
튼튼한 구들장도 없어도 따스하면
삭정이 재활용하는 솔선수범 목수다

까치와 나무 사이 믿음만 계약 없이
무한대 행복한 집 밤이면 별이 총총
이파리 없는 나무도 숨은 쉰다 서병진.

※주 : 가교문학(2023.12.19), 제8호 206쪽

장독대

뒤뜰에 양지바른 장독대 익는 소리
방까지 들려오는 소리는 봄의 소리
가슴도 익어 가는지 공탁 걸려 오늘도

제 속에 썩어가는 소리가 익는 소리
장독대 넘어서는 뛸 노는 아이들의
소리와 함께 소리에 봄을 맞는 장독대

요즘은 장독대가 시대에 따라서는
물려선 장독대는 그래도 간장 된장
식탁에 올려 내려서 입맛에 간 맞춘다.

투표

삶에도 선택이라 여지가 있는지라
투표장 줄을 서서 기표에 기대 보는
언제나
이 마음으로
한결같은 투표일

미래를 맡게 두는 국민의 선택으로
도장을 꼭 찍어서 국민을 위한 정치
나무에
가지마다의
솟는 기를 품는다.

※주 : 청계문학(2025.08.12), 제49집 2025 여름호 223쪽

총선투표

정치는 이런가요 범죄도 국회의원
거짓말 잘하는 자 뻔뻔한 마음 갖고
유권자
앞에 서서는
허리 인사 구십도

당선만 되면 장땡 이래서 총선투표
그때의 얼굴과 말 끝나면 어디 갔나
유세 때
달콤한 말들
유효기간 아쉽다.

장맛비

일상은 누적하게 하는 비 인제 그만
가하면 무엇든지 넘치면 필요 없는
물건이
되어 버리는
필요 없는 존재다

장마는 필요 따라 낭만의 가지각색
장마의 낭만 속은 짭잘한 입맛이다
산야는
푸른 녹색에
춤춰어서 좋다고.

연암 박지원

연암의 작품 세계 이제야 알고 보니
지난날 후회의 날 되새김 하여본다
하지만 지금부터란 후회의 손 씻는다

박지원 필사본의 가치는 무한대란
여겨져 책갈피를 넘겨서 읽어본다
오늘의 배움은 훗날 영광으로 살찐다

하늘에 구름 한 점 없는 날 너나 없이
두둥실 휘날리는 일기장 열하일기
연암의 박지원 선생 영원하리 빛난다.

가을 마음

서늘한 갈바람이 옷깃을 스쳐주니
시원한 몸이라서 어디로 가고 싶은
꿀떡이 목에 걸려서 오곡백과 익는다

가로수 은행나무 열매는 독특하게
내음에 눈짓 부는 계절이 생각난다
마음이 든든한 계절 너도나도 익는다

한해를 익어가는 계절에 황금 들녘
섬으로 거두어서 곳간에 가득하게
쌓아둔 곡물의 눈이 너도나도 부자다.

※주 : 청계문학(2024.12.10), 제47집 겨울호 213쪽

추심

가을은 황금 계절 꽃마다 열매 맺어
알알이 마음으로 채워서 푸짐하고
넉넉한
가을 수확에
곳간에 차곡차곡

연인의 계절이라 짝짓는 청춘 남녀
대추 알 치마폭에 알알이 받아 놓고
후세의
소리를 듣고
싶어서 귀 기운다.

겨울 마음

팥죽을 먹어서야 나이를 한 살 한다
전설에 귀가 송곳 하지만 맛만 있다
툭툭 한
옷도 입고서
썰매 타며 즐긴다

동백꽃 그려보고 화선지 간추린다
따듯한 아랫목의 자리는 어른 자리
고구마
동치미 맛에
두루 앉아 즐겁다.

새만금 잼버리

잼버리 청소년의 신체적 극기 훈련
단단한 정신훈련 갖도록 세계적인
한 곳에 야영대회로 승화하는 잼버리

매립지 헐헐 벌판 주관처 무관심이
폭염과 태풍으로 행사를 도중 철수
준비성 없는 행사로 청소년들 좌절감

행사는 사전답사 계획을 수립하여
시행에 임하여야 새만금 잼버리의
교훈을 주는 명심에 두 번 다시 또다시.

통일을 외치다

여의도 문화마당 운집한 인산인해
통일을 외치는 힘 하늘을 찌를 듯한
함성이
가을향기에
수를 놓는 속마음

손에 손 태극기를 흔들며 염원하는
그대의 가슴 깊이 하늘을 찌르구나
한반도
코리안드림
통일 실천 외친다.

귀뚜라미 소리

에어콘
소리 따라
들리는 귀뚜라미

한낮에
하얀 침대
누워서 물 한 모금

마시고
천장을 보니
한국문예 뿐이다

비가 오다

갑자기 비가 온다 길거리 노점 가게
술잔이 바빠진다 땅 바다 빗방울이
춤추는
작은 소리에
가슴 깊이 울린다

자연의 본능 진리 하늘이 내려 주는
그래도 준비성을 갖추는 마음이라
우리의
한마음으로
극복하는 길이다.

제3부

•

제3부 문학은 삶을 윤택하게 하는 도구

천년송

소가야 고성 남산 든든한 뿌리내려
수천년 세월 속에 지켜온 소나무들
바람이 불어도 올곧 시간 쌓은 천년송

고성땅 고성남산 정상에 올라 보면
시원한 앞바람이 가슴에 적셔 주어
오가는 사람마다의 하늘 높은 애창송

남산정 올라가서 시조창 부르면은
울림이 사방팔방 한눈에 들어온다
내일의 천년송 모습 오늘처럼 가꾸자.

※주 : 한국문예(2024.12.12), 제10호 50쪽

옛 담장

좌이산 넓적한 돌 학동에 앉아 있네
돌담의 사잇소리 학소리 학동마을
이제야
날아가는 새
되돌아본 이야기

고성의 문화재로 지정된 학동마을
돌담길 사이사이 휘 바람 소리에는
연인의
뛰는 가슴에
두 손 잡는 담장 길.

노루목

철둑을 지나면 곧 꼬불한 신작로에
노루가 다닌 길을 노루목 이니라고
전설의
너른지 길목
연인의 길 이었다

송낙골 문중 재실 연인의 옥이 사랑
뭇 남자 사랑받아 노루길 수 놓아서
뒷말이
많은 노루목
이야기가 선하다.

고성 홍가리비

가리비 홍가리비 고성의 청정해역
길러낸 수산물 중 특산물 일품이다
맛보면 너도 나도에 해가는 줄 모른다

해마다 신선한 맛 입맛을 돋우는 맛
고성의 특산물이 식탁에 올라가야
극찬에 참맛을 알면 옆에 누구 있느냐

고성의 자랑하는 해산물 홍가리비
언제나 찾아 먹고 또 찾는 마음으로
입맛에 모여 이야기 길이길이 기르자.

※주 : 고성은 경남 고성(固城)

하모회

고성의 포구에서 자라는 갯장어의
하모는 횟감으로 제일로 맛 나는 회
철 따라 맛을 돋구는 하모회는 맛나다

하모는 여름 가을 활동에 맛이 제일
자란만 앞바다의 통통배 그물 올린
풍년가 맛의 자랑에 이곳저곳 모인다

맛 따라 곳곳에서 모여서 이바구에
서산에 해 넘기고 시간에 쫓기는 날
고성의 자랑이라고 외쳐보는 하모회.

※주 : 청계문학(2025.04.12), 제48집 봄호(2025) 210쪽

고성 한마당 축제

소가야 수도라는 지금은 고성이라
한마당 축제 마당 군민이 함께하는
고성의 종합운동장 한마음에 울린다

사구회 한자리에 모여서 가을하늘
수놓는 서로서로 기량을 자랑하는
마당이 아름답다는 하늘 높이 외친다.

고성은 천왕산의 높은 산 하늘 높아
들녘의 오곡백과 섬으로 거두어서
곳간에 가득 쌓아둔 고성자랑 축제다.

※주 : 청계문학(2024.12.10), 제47집 겨울호 214쪽

허수아비 경연대회

가을날 오곡백과 익으면 곳간 채울
농부의 땀방울을 새들이 먼저 챙겨
막아본
허수아비의
경연대회 하는 군(郡)

고성군(固城君) 면(面) 단위로 솜씨로 자랑하는
막대기 허수아비 논밭에 세워놓고
가짜에
속아서 섬에
가득하게 담는다.

총쟁이 식당

고성의 어느 식당 이름난 총쟁이의
식당이 장날이면 한 그릇 국밥 먹기
목구멍
포도청이라
돼지국밥 한 그릇

시장통 극장 길목 발자국 찍어 놓아
다음날 오일장을 만남의 언약의 끈
가슴을
확 펼쳐 놓고
이바구에 해진다.

재경고성중 사나이

옛 가야 고을세라 고성중 너도나도
책갈피 펼쳐 놓고 꿈꾸던 사나이들
여전히
갈고 닦아야
찬란하게 빛나리

꿈 안고 한양 천리 온 오늘 사방팔방
한눈에 서로서로 동문의 기상이라
드높은
재경고성중
사나이는 빛난다.

문학은 삶을 윤택하게 하는 도구

문학은
나의 삶을
꽃동산 되어준다

벌 나비
찾아들어
짝지고 열매 맺는

참삶을
윤택하게끔
도와주는 도구다.

자갈치

부산항 자갈치는 항구로 이름으로
떨치는 명성 높은 항구의 이름이다
자갈은 어느 바다에 없는 것은 아니다

남포동 앞바다의 여객선 뱃고동에
그리움 님 생각에 울적한 마음으로
뱃고동 소리 눈시울 젖어지는 사연들

건너 쪽 영도다리 난간의 피난민들
고향을 바라보고 부모와 형제들의
소식을 물어보는 곳 국제시장 골목길.

※주 : 한미문단(2025.06.25), 2025년 여름호 특별초대석 44쪽,
　　　한국문인협회 미주지회
　　　가교문학(2025.06.26), 제11호 203쪽

자갈치 아지매

부산의 자갈치는 어물상 즐비하여
수족관 생선들의 눈알이 초롱하다
아지매
어서 오이소
인사말이 정겹다

생선회 손놀림에 둥둥실 신기하다
어판의 이쪽저쪽 생선들 가득하다
없는 것
빼고 다 있는
자갈치의 아지매.

※주 : 청계문학(2024.09.20), 제46집 2024 가을호 214쪽

사랑의 길

멀고도 가까운 길 사랑의 길이라고
웃기는 사람 있어 너만은 아닌 것을
언제나
생각하는 길
찾아보는 너와 나

사랑의 길을 찾는 우리네 인생의 길
밟은 길 등불 따라 걸어서 갈 때까지
힘차게
끝까지 가는
우리 마음 즐겁다.

※주 : 서울문학(2024.09.10), 제26권 제102호 167쪽

설날 거리

한산한 거리마다 때때옷 숨었는지
우리 옷 장롱에서 잠자고 코걸이에
전통인
문화도 숨어
사라지는 시대다

시대에 힘을 주는 문화는 커져가는
발전의 디딤돌이 되는 것 아쉽다는
마음을
가질 필요가
있는 것을 말한다.

신륵사

남한강
흐르는 물
가슴에 안고서는

성불의
목탁 소리
하늘에 휘날리는

성전의
걸음 우바새
우바이는 복 받다.

※주 : 제76회 한국문예작가회 2024년 춘계
　　　문학기행 및 제12회 백일장(2024.04.26)

독도의 창대

독도는 대한민국 한반도 물결이다
수천 년 파도치고 가슴에 품은 사랑
유구한 역사를 지닌 우리의 분신이다

철 따라 풍치 품은 대한의 얼을 가진
독도는 자나 깨나 새소리 함께하는
파도에 세찬 물소리 대한민국 소리다

우리의 영토이라 세세 손 길이길이
가꾸어 관광객들 탐방의 명소 되리
독도는 우리 손으로 길이길이 가꾼다.

※주 : 독도 탐방(2024.12.02), 독도 예술로 만나다, 한국해양재단 130쪽

독도의 눈

멀리서 바라보면 가까운 거리라고
보이는 독도라는 외로운 섬 아니라
하지만
대한의 얼이
푸른 바다 숨 쉰다

울릉도 작은 도서 이라고 하는 독도
아침은 붉은 태양 서로의 마주하는
서광의
눈 사랑하는
대한의 혼 기른다.

영월루에서

여주시 아름답다 여주시 보물이다
모두가 길이길이 가꾸어 보전하여
세계의
문화유산에
등재하여 빛내자

한국의 아름다운 여주시 얼른 가서
이삭을 꼭꼭 주어 저녁에 펼쳐놓아
알알이
셈하여 모아
여주시에 심는다.

※주 : 제76회 한국문예작가회 2024년 춘계
　　　문학기행 및 제12회 백일장(2024.04.26)

봄꽃 바람

산너머 부는 바람 봄소식 전도사여
내 얼은 마음 녹여 꽃씨를 뿌려주니
내 삶의
꽃길 만들어
아름다운 꽃향기

바람에 휘날리는 꽃잎은 세월 바람
품어 본 인생 바람 가슴에 품어본다
냉가슴
삶의 무게에
풀어 놓은 꽃바람.

※주 : 가교문학(2023.06.26), 2023년 제7호 초대시조 18쪽,
 표지 얼굴 사진 첫 번째

춘심

겨우내 움츠리다 기지개 켜본다
담장에 아지랑이 이고서 걸어본다
굴뚝새
봄 알린 소리
새싹들이 바쁘다

강남 온 제비들은 추녘에 집을 지어
너 나도 함께하는 나날들 걸어본다
논밭이
푸르게 맞아
무럭무럭 커간다.

봄마음

겨우내 추운 날을 보내고 벅차게도
봄기운 모락모락 휘날려 기분 좋게
북돋아
주는 봄날에
요동치는 봄마음

하늘에 구름 한 점 없는 날 상쾌하다
구름도 마음으로 담아서 정처 없는
이정표
흘러만 가고
마음조차 흐른다.

※주 : 가교문학(2025.06.26), 제11호 204쪽

하심

하심은 여름 마음 물 좋은 계곡 찾아
도랑물 발 담그고 두 팔로 외쳐본다
땀 흘린
땀 내음에는
여름 냄새 풍긴다

나무의 푸름으로 시원한 마음 주는
매미의 소리에는 여름을 상징하며
하루에
몇 번씩이나
안타까운 마음뿐.

여름 마음

산으로 바닷가로 시원한 바람 타고
날이면 솟구치는 마음을 신발 끈에
맡기고
달리고 싶은
여름철의 한마음

바다나 산에서는 마음에 맺힌 끈을
확 풀어 넓은 들판 달리고 싶은 마음
슬퍼서
울고 또 우는
매미 소리 슬프다.

※주 : 청계문학(2025.08.12), 제49집 2025 여름호 221쪽

더위

더위는
날씨 따라
기준치 척도 있지

해마다
여름이면
더위가 있는 것이

자연의
순리 이거만
땀방울을 적신다.

무더위 날

무더위 날씨에는 시원한 곳 찾아서
읊조리 것도 좋고 수박도 먹으면서
한 수를
매미 소리와
함께하면 더 없다

여름철 건강에는 적당히 명심하여
즐겁고 행복한 날 시간을 보내우고
시원한
바다나 계곡
찾아 더위 보낸다.

봄은 언제 오는가

이식한 나무들은 언제쯤 만나리요
꽃들은 피고 지는 봄날을 맞이하며
웃음꽃
활짝 피어서
바람으로 잡는다

다시는 겪지 말자 동족의 아픈 가슴
보듬는 나무 그늘 앉아서 도란도란
추억을
나누는 모습
보는 이는 정겹다.

독도의 은하수

별빛이
푸른 바다
동쪽의 끝자락에

독도의
은하수는
찬란히 방아 찧는

모습에
강한 정신력
힘이 나는 독도인.

독도의 동서도

독도는
동도 서도
나란히 형제답게

우뚝한
형제 바위
부채꼴 부채바위

나란히
파도 소리와
새소리에 젖는다.

백범 김구선생 동상

경건한 마음가짐 갖고서 다가서면
백범의 김구 선생 뜻 품은 지도자를
글씨로 깊게 새겨서 만인에게 전한다

서울의 남산공원 지키는 선생의 넋
오가는 사람들의 추앙에 숙연하다
선구자 선견지명에 고개 숙여 표한다

한반도 두 갈래는 안 된다 말씀으로
실천한 선생님의 현명한 판단력을
선생의 폭 넓은 안목 눈앞에 다가온다.

탄핵

한강진 나룻배는 어디로 가느냐고
방향을 잃었는지 헤매고 있는 구나
가파른 언덕배기에 분명 깃발 흔든다

찬성을 외치는 쪽 반대를 외친 함성
세대를 넘는 소리 기막힌 혀 찬 소리
모두가 합창하면서 나라 걱정 외친다

나라를 걱정하여 모이는 이 장소는
어디로 정신 차례 너와 나 아파한다
산과 들 하늘 바람에 따라 방향 잡는다.

※주 : 청계문학(2025.04.12), 제48집 봄호(2025) 209쪽

지하철 시

지하철 서울 시내 게시한 한 편의 시
시향의 향기들은 가슴에 와닿는 시
읽어도
다시 그 사람
속으로 찾아본다

삶 속에 영혼으로 달래는 이정표에
눈으로 인사하는 속마음 펼쳐보는
지하철
시구는 정서
함양에도 앞선다.

제4부

•

이파리 없는 나무도 숨은 쉰다

동문황견

이런 말 동문황견 이라는 말이 있다
동문 밖 누른 개의 누렁이 황색의 개
권력과
출세를 좇다
허망하게 서 있다

직위가 높은 자리 있을 때 떵떵거려
목에다 힘을 주어 다니는 사람 모습
현재와
과거 모르는
미래 지식 현명인.

꽃들의 잔치

가을날 맑은 하늘 드높은 고양시 꽃
즐비한 꽃 잔치에 향기 속 인산인해
박람회
해를 거듭한
솜씨 자랑 빛나다

사진 속 가와지 쌀 관심에 사진 찍어
살펴본 휴대폰은 방긋이 웃어본다
호수에
꽃잎 띄워서
꽃 잔치는 흥겹다.

※주 : Pocket Press(2024.11.10), 인터네 공유

하늘이면 하늘

창공은
하늘이라
하늘이 하늘이지

푸르른
하늘에는
누군가 있는지를

본 사람
가본 사람은
장대 들고 나오라.

밀양 팔경

1경은 영남루의 야경이 일품이다
2경은 백운산의 시례호박소 이다
3경은 표충사 사계 변화하는 풍광이

4경은 월연정이 풍경이 절경이다
5경은 이팔나무 위양못 하얀 나무
6경은 만어사 운해 안경 바다 풍치다

7경은 종남산의 진달래 꽃길이다
8경은 재약산의 억새풀 억새벌판
밀양의 8경은 제일 가는 8경 이었다.

밀양의 세 가지 신비

여름에 얼음 어는 얼음골 신기하다
표충비 사명대사 비석에 흐르는 땀
만어사
두드리면은
종소리에 울 경석

밀양은 산세 좋은 곳이라 살기 좋은
이름난 도시이라 모이는 너도나도
신비의
고장에 사는
멋 있는 곳 밀양시.

표충사

재악산
기슭에는
성전의 표충사는

유생들
교육하는
성현을 제사하고

서원이
불교와 유교
한 자리에 봉한다.

태극기

태극기
건곤감리
가운데 태극 형상

한국을
상징하는
심벌이 하늘과 땅

봄 여름
가을 겨울이
사계절을 뜻한다.

손님 것

절간의 뒤들에는 텃밭이 하나 있다
스님은 아침마다 텃밭에 나가서는
배추밭
잡초를 뽑고
배추벌레 잡는다

저 이랑 두 고랑은 손님 것 잡지 마라
그래서 잡초만을 뽑고서 밤으로 둠
우바새
우바이 마음
하늘 높아 높구나.

아침에

아침에 일어나면 가슴을 펴고서는
아 하면 소리 내어 힘 높여 찌를 본다
기침도
크게 내 품어
시원하게 토한다

아침은 하루 생활 첫걸음 걸어본다
멀리서 보는 사람 손잡고 앞으로만
당신과
내일 또다시
다정하게 걷는다.

참 미운 날

문학꽃 피우는 날 발걸음 재촉하여
강당에 들어서니 문인꽃 활짝 피어
벌 나비
따로 없구나
문학인이 벌 나비

강의는 소리 높여 열강에 귀담는데
몸 한 곳 재촉하여 손가방 들고서는
오늘은
좋은 날인데
참 미운 날 이구나.

잼버리

새만금 헐헐 벌판 매립지 곳에서는
세계적 청소년들 한자리 모임 형사
한마음
한뜻으로 한
잼버리 곳 이었다

하지만 폭염으로 중도에 철수하는
소동이 일어나서 어떻게 하나 보면
계획성
부실과 확인
사전현장 필요성.

이산 저산

산이면
산이로다
이산은 어떠하리

저 산은
어떠하리
산이면 산이로다

명월이
만공산하니
쉬어간들 어떠리.

원각사지 십층 석탑

석탑이 탑골공원 유리막 안에 국보
제이호 명찰을 단 세조가 세운 사찰
원각사
백미로 꼽힐
정도라고 말한다

불심에 경이롭게 묵묵히 유리막에
한마디 하는 불심 탑골의 명물이다
유물은
소중하고도
귀함으로 귀하다.

신발 끈

어제도 걸었지만 오늘도 걸어본다
내일도 걸어야 내 인생의 동반자다
단단히
꽁꽁 묶어서
하나 되는 신발 끈

한 씨앗 새싹 하나 꽃송이 하나하나
열매는 주렁주렁 주저리 알곡 되어
곳간이
넉넉하여서
웃음으로 거둔다.

※주 : PEN 문학(2025. 09. 11), 2025년 9·10월호 통권187호 136쪽

성탄절

밝음과 어둠이라 상반의 종소리에
말씀에 귀 기울여 이제야 새겨본다
신이여
종소리 함께
나르시는 성탄절

어두운 밤을 밝혀 앞길을 창창대로
나서는 종소리에 가슴에 안고서는
힘차게
너와 나의 힘
손잡고서 나선다.

세배

설날에 인사하는 중에도 세배라는
까치 날 하는 세배 묵은세배 이라고
설날에
하는 세배를
새세배라 일컫다

시대에 따라서는 세배도 다르구나
우리 옷 입은 사람 아 옛날 이로구나
하지만
설날 세배는
이어져야 한다오.

※주 : 가교문학(2024.07.02), 2024년 제9호 266쪽

동심

추녘끝 고드름이 햇살에 물이 되어
흐르는 땅을 파는 힘 좋은 겨울이다
고구마
삶아 동치미
둘러앉아 먹는 날

동백꽃 동백기름 머리에 바르고서
멋 내는 여자의 멋 색 쫓는 연인 마음
곳간에
도정 해 놓은
오곡들의 행복감.

비 오는 날 서울역

비 오는 날 울적한 마음을 달래 보려
객지 간 그대에게 가고 파 서울역의
혼잡한
대합실 안의
흔적 없는 그림자

어디로 가는 걸까 수많은 잰걸음은
창가에 떨어지는 그리움 비춰본다
엊그제
부둥켜안고
아쉬워한 서울역.

북녘의 그리움

북녘의 부모형제 세월 속 애증 맺혀
오늘에 눈물 없는 날인지 대나무로
사람의
형상 세우고
세대 간의 그리움

누구의 소행일까 이별로 갈라놓은
한맺힌 마음으로 시간에 물어본다
통일손
꼽아 기다려
오늘내일 되려나.

비 오는 날 나뭇잎

자식의 거름 되기 위한 몸 나뭇잎은
비바람 목욕하고 있는 중 한숨 쉬고
주야로
서성대는 눈
빗자루로 거둔다

낙엽은 빗자루에 안겨서 떠나는 몸
썩어서 거름 되어 자라는 대를 이는
낙엽의
본심은 삶을
이어 주는 나뭇잎.

문학사랑신문 휘날이다

문학은 삶을 윤택 하게끔 하는 도구
사랑에 문학까지 아울러 휘날린다
창작의 사랑신문이 돋보이는 최고다

늘 함께 하는 문우 변하지 않은 우정
당신의 능력 깃발 오늘은 웃음으로
이어져 가는 신문이 사랑신문 웃는다

문학을 꽃피우고 우정을 웃음 피워
문학인 선도하는 그대의 문학정신
사랑의 신문 창대가 길이길이 빛나다.

※주 : 문학사신문(2024.09.01), 제10호 축시 2면

기다리는 마음

속 타는 이 마음을 누구나 알아주리
늘 생각 하면서도 또다시 기다린다
이제야
알았는지는
몰라서도 아직도

너와 나 알았는지 한 해 두 해랍니다
겉과 속 알 수 있는 사이인 세월이라
가랑잎
떨어지는 날
울적하여 서 있다.

병실에서

한 실에 다인의 눈 천장만 보는 날에
쓸쓸한 병상에서 말벗은 카톡 사랑
지난날
나이테의 수
오늘 수에 뺄 본다

소낙비 접는 옷은 옷깃에 먼저 젖어
희미한 눈빛으로 시간만 기다린다
다시는
이런 곳으로
멀리하여 챙긴다.

그 꽃

예쁘다 참 예쁘다 어디서 언제라도
보아도 그 미소는 참으로 아름답다
정춘아
얼굴 지금도
곱디고운 장미꽃

산 계곡 흐르는 물소리에 한 곡한다
에에라 금수강산 식후견 이라고야
오늘도
그 사람 찾아
이제라도 상사화.

구룡소

구룡사 계곡에는 연못 중 구룡소는
폭포로 쏟아지는 물살이 시원하게
마음을
씻어주어서
성불하는 구룡소

구룡소 세렴폭포 용들이 떨어지던
그때를 상상하게 하는 용 아홉 마리
치악산
명소를 이어
잘 가꾸어 길이자.

※주 : 제70회 한국문예작가회 2023년 춘계문학기행(2023.06.21.수)
　　서울문학(2023.09.10), 제25권 제98호 150쪽

고드름

무아의 벼랑 끝에 꽃피는 고드름 꽃
햇빛에 녹아내려 땅바닥 저시는 꽃
매서운
겨울날 햇빛
송곳날의 고드름

차가운 마음이라 햇빛을 맞이하는
세상의 인생살이 시간에 둘러싸인
고드름
녹아내리면
무아를 정 나눈다.

입춘 하늘

겨우내 기다렸듯 개구리 울음소리
담장의 아지랑이 가슴에 품고서는
입춘의
하늘이 반겨
봄날에는 웃음꽃

힘차게 생동감을 휘날려 하늘 높이
옷깃에 춘심으로 담아서 청 하늘에
가득히
기쁨 차게끔
최고의 해 만만세.

탱자나무

운향과 속명으로 속하는 탱자나무
겨우내 찬바람에 일상을 지내온 날
생각에
모진 바람은
시련 이긴 날이다

봄날에 가시 사이 푸른 잎 새싹 사이
새들이 날아 와서 노래로 지지배배
재능을
발휘하면서
푸른 가시 동무다.

세월을 읽다

어제와
오늘에는
시간을 읽고 있다

내일을
다가오는
미래를 읽어본다

세월에
피고 지는 꽃
향기 젖은
꽃이다.

실레마을이란

김유정 소설가의 태어난 생가 마을
실레란 떡을 찌는 시루의 방언으로
금병산
자락의 마을
떡시루와 같구나

봄봄을 원고지에 소설로 엮은 놓은
명작의 작품으로 그대의 얼이 살아
29세로
문학정신을
끝으로 한 인생길.

통일의 소리

광복절 기쁜 마음 모이는 한강 뚝섬
함성이 백두산과 한라산 들썩이고
코리안
드림의 소명
팔십 년의 긴 외침

밤하늘 반짝이는 별들도 함께 걷는
통일로 가는 길은 쉽고도 힘겨운 것
고난도
함께 하면은
극복되는 길이다.

제5부

·

디카시조 편

뜨락에 핀 철쭉꽃

뜨락에 찾아오는 해마다 철쭉꽃은
활짝 핀 꽃잎에는 벌 나비 사랑하는
너와 나 사랑의 소리 어이 하리 말한다

따스한 봄날에는 꽃피어 눈요기에
활력소 되어 찾는 사람의 발걸음을
멈추게 묶어 놓고서 속삭이는 철쭉꽃

웃음과 기쁜 주어 행복을 전도하는
꽃이라 가는 마음 붙잡아 발걸음을
묶어서 속삭이면서 사랑으로 이룬다.

병산재 후예

병산의 달성서씨 병산재 모여서는
유세차 년월일삭 축문에 고개 숙여
선조의 공덕을 길이 빛내자고 모운다

올곧은 대나무의 기상에 마디마디
서릿발 같은 엄한 문중의 달성서씨
세파의 판서공파는 영원불멸 하리라

영롱한 달성서씨 병산의 기상 높은
지세를 이어받아 자손의 무궁함을
염원해 뜻을 모아 본 병산재의 후손들.

※주 : 서울문학(2023.12.10), 제25권 제99호 206호

황포돛단배 타고

남한강 흘러 흘러 띄우는 황포돛배
물결에 벗 삼아야 시상도 떠오른다
강물에 근심 버리면 시 한 수를 낚는다

기폭에 희망 담아 힘차게 바람 안은
여강의 황포돛배 어제와 오늘 풍경
붓 챙긴 문학기행은 이삭줍기 참 좋다.

※주 : 제76회 한국문예작가회 2024년 춘계
　　　문학기행 및 제12회 백일장(2024.04.26)

영월루에서

여주시 아름답다 볼수록 보물이다
모두가 길이길이 가꾸고 보전하여
세계의 문화유산에 등재하여 빛내자

한국의 아름다운 여주시 얼른 가서
이삭을 주워 와서 원고지 펼쳐놓고
알알이 셈하여 모아 여주시에 심는다.

※주 : 제76회 한국문예작가회 2024년 춘계
　　문학기행 및 제12회 백일장(2024.04.26)

동검리 이삭줍기

동검리 푸른 바다 갈대숲 바람 소리
안고서 쓰레기를 바쁘게 주워 담아
자루는 볼록 채워도 쓰레기는 끝없다

오물을 아무 때나 버리면 말 못 하는
물고기 물속에서 숨 막혀 헤매는데
쓰레기 없는 바다에 활짝 피는 웃음꽃.

※주 : 강화군 동검리 바다살리기 봉사활동(2024.05.16)

전등사

옛 이름 진종사는 지금은 전등사로
긴 역사 가졌으니 불심도 대단하고
지금껏 이어지면서 전통 있는 전등사

곳곳에 목탁 소리 가슴에 적시 주는
부처님 은덕이고 속세는 타불 이라
합장속 마주 보면서 우바새와 우바이.

※주 : 동검리 바다살리기 봉사활동(2024.05.16)

김유정문학촌 이삭줍기

봄바람 아지랑이 손잡은 김유정역
따뜻한 금병산도 그때를 회상하면
점순이 저고리에도 물들었던 원고지

생가터 복원하고 전시관 이야기는
실레의 입맛 따라 떡시루 생각하고
멋 따라 레일파크에 몸 실어본 즐거움.

※주 : 한국공무원문학회 춘계문학기행 이삭줍기(2024.05.11.토)

꽃 따는 참새

봄이면 피고 지는 꽃들의 세상이다
한 송이 꽃이 되는 시간은 밤낮으로
세차게 인고의 시간 피는 꽃이 말한다

참새는 핀 꽃잎에 앉아서 꽃을 따서
한 닢의 맛에 두 닢 세 닢의 맛으로서
모두가 꽃길 걸어서 꽃세상이 되는 날.

담쟁이와 찔레꽃

푸른색 붉은색은 상반의 조화로다
어울려 생동감은 젊음이 앞이로다
담쟁이 찔레꽃 마음 사랑으로 덮는다

꽃피고 열매 맺어 보란 듯 손짓하고
고운 잎 하나하나 떨어져 발자국에
님으로 두 마음으로 함께 심어 놓는다.

붉은 장미

장미꽃 붉게 피어 눈으로 보는 꽃
기쁨과 즐거움을 한눈에 담아 주는
색깔이 아름다워서 사람마다 멈춘다

가꾸어 길이길이 그 향과 그 색깔이
이어진 지금처럼 장미의 내음 향이
만 사람 사랑받는 꽃 이슬꽃을 기른다.

나는 여기서

좋은 곳 태어나 너 좋겠다 나는 이곳
터전을 잡아서도 그래도 살만하다
바람이
잠을 깨워서
벌 나비도 찾는다.

개나리꽃 향기

봄이면 지천으로 피는 꽃 개나리꽃
노랑꽃 하늘 날려 가슴에 새겨 놓은
향기는
천리만리길
동반하는 꽃이다.

숲속의 공연장

숲속에 아늑하게 세워진 공연장에
개미의 놀이터가 되어서 천국이라
새소리
바람 소리에
어울려지는 공연장.

서울역

밤낮을 모른 정도 다니는 서울역은
교통의 심장부로 사연을 싣고서는
기차 홈 기적소리에 임과 함께 떠난다

차창에 임의 얼굴 환하게 비친 것은
천상의 인연이라 하늘이 뜻을 모아
이 땅에 뿌리내려 준 대한민국 서울역.

노숙의 삶

일상의 지하철에 모든 삶 맡겨 놓고
 나날이 지새우는 신세라 그렇지만
 희망을 가슴에 안고 살아가는 나그네

 오늘도 그대 보면 한없이 눈물 흘러
 제대로 못 보면서 겉으로 안타까운
 마음은 변함이 없고 갈구하는 분이다.

상처의 흔적

시간은 세월 따라 상처난 아픈 흔적
눈으로 볼 수 없는 그 시간 헤아린다
이제는 상처난 자국 작품 되어 즐긴다

세상사 순탄하게 이루어 지지 않는
너만의 상처 아닌 뭇사람 버릇이다
그때의 상처난 옹이 이제서야 웃는다.

남근목

서릿발 내려놓고 듬직한 마음으로
각지서 오고 가는 사람의 눈요깃감
묵상케 하는 마음이 엄청나다 한 마음

남자의 근기 천상 천하의 명품이라
누구를 막론하고 그대는 휘어감는
사랑의 여신이 받드는 우월감 앞선다.

잼버리 조기 폐영

잼버리 조기 폐영 가슴이 아파서다
청소년 극기 훈련 새만금 폭염 태풍
불실한 훈련장으로 조기 폐영 아쉽다

청소년 야영대회 심신을 탄력으로
장래의 꿈과 이상 심어서 하는 행사
하지만 폐영 장소를 이동하는 잼버리.

월드컵 경기장에 이동한 잼버리는
아쉬운 마음으로 그래도 환호성이
월드컵 생각을 하면 앙가슴이 아프다.

※주 : 한국문예(2023.11.22), 제8호 191쪽

독도의 탐욕

동해를 굳건하게 지키는 독도경비
탐욕의 왜곡 발언 막아내는 애국심
극일의
발원지이고
나라 사랑 일번지.

독도의 일출

동녘의 푸른 바다 독도의 아침 바다
내 얼굴 비춰 주는 울릉도 붉은 태양
한국의
얼이 살아서
방방곡곡 빛난다.

독도의 밤

밤마다 하늘에는 수놓은 별빛 달빛
파도가 일렁이며 빛나래 아름다워
독도의
밤은 참모습
감탄하게 말한다.

독도의 바람

바람은 어디서나 강약에 따라 부는
바람이 이익되고 피해를 주는 바람
독도의
바람 세차게
부는 날은 헛걸음.

독도의 동서독

독도는 동독 서독 나란히 형제답게
우뚝한 형제 바위 부채꼴 부채바위
나란히
파도 소리와
새소리에 젖는다.

독도의 눈

멀리서 바라보면 가까운 거리라고
보이는 독도라는 외로운 섬 아니라
하지만 대한의 얼이 푸른 바다 숨 쉰다

울릉도 작은 도서 이라고 하는 독도
아침의 붉은 태양 서로를 마주하는
서광의 눈 사랑하는 대한의 혼 기른다.

까치집

까치는 지혜 있는 날짐승 온갖 나무
가지에 보금자리 지어서 살아간다
비 오면
비 젖은 날개
어이하리 날아라.

동산에 홍일점

응봉산 푸른 하늘 노오란 동산에는
진달래 한 포기의 입맛에 오르내려
개나리
동산 계단의
힘이 자주 오른다.

꽃과 나비

가슴에 꽃 피우면 나비는 모여든다
꽃잎과 속삭이면 벌 친구 찾아본다
나비는
친구인 벌과
친구 삼아 춤춘다.

민들레꽃과 비둘기

공원에 활짝 핀 꽃 화사한 마음 되고
후루룩 비둘기가 날아와 반겨주며
꽃잎에
앉으니 닦아
주는 노란 민들레.

탑골공원의 석재유구

공원 내 석재들의 한곳에 모아 놓아
역사를 알 수 있어 가슴을 치게 되어
둘레의 눈으로 보면 지난날을 보구나

우리의 역사 살펴 값있게 둘러보아
후세에 서광 있게 빛나게 길어야지
석재들 잘 보전하여 길이길이 알린다.

푸른 집 주목

파란 집 정원에는 주목이 썩어 간다
관람객 오고 가며 모두가 혀를 찬다
썩은 곳
살펴보고야
아깝다고 한 마디.

판곡마을

판곡리 마을에는 푸성귀 가득하고
후덕한 인심이라 그래서 살기 좋은
마을에 손 마주 잡고 우리 함께 가보자

양달산 진달래꽃 해마다 피고 지고
봄바람 너른지는 철 따라 찾아오고
훗날에 꿈 키워주는 내일이며 좋겠다.

문학은 삶을 윤택하게 하는 도구

나영봉
(문학평론가·시조시인·시인·기자)

1. 뿌리 깊은 시조(時調)의 맥을 찾아서

 동양의 유교 사상을 바탕으로 도덕성을 지닌 온화하고 근면 성실하며 충효 사상을 지키는 우리 민족 고유의 문학인 시조를 계속 발전 시켜나가는 것이 정체성을 살리는 길이다.
 시조는 전통 율격을 지키는 것이 중요하다. 3장 6구 12소절이며, 총 글자는 43자 내외라는 기준을 삼는 것이 정격시조라고 했다. 율격을 중시하는 원칙을 삼고 있다. 이번에 출간하는 『문학은 삶은 윤택하게 하는 도구』는 155수 모두 정격시조이다. 한편도 어긋나지 않고 모두 43자이다. 발간한 서병진 시조집은 모두 정격시조이다.
 이런 시대적인 소명 의식을 갖고 있던 서병진 시조시인은 1975년 '칠오동우' 외 4편을 발표하고 문단에 등단하여 2025년도까지 문학의 길을 걸어 온 지 50년 되는 해이다.
 그러면서 "우리의 전통 시조의 맥이 이어지기 어렵다는 느낌을 갖고 있으며, 이것은 근본적인 원인은 교육정책의 홀대에서 찾을 수 있다고 했다." 교육부 교육정책 과정에서 시급한 현실만을 고려하여 정보화, 산업화, 디지털 시대의 사회적응을 고려하고 경제적인 여건을 위한 교육을 우선한다는 생각을 지울 수 없다고 말했다.

우리는 일상생활에서 인성교육의 필요성을 실감하지만, 교육 현장에서 정서 함양을 위한 것은 배제되고 이기심과 개인주의, 물질적인 풍요 속에서 배금사상, 이기적인 출세지상주의, 우수한 성적만을 선호하는 성적 지상주의 사회풍토는 전통과 도덕심을 멀리하고, 미풍양속을 되살리려는 노력은 흔들리고 있다는 것이다.

앞으로 "교육과정에 전통 시조에 담긴 충·효·예의 전통적 정신문화를 바탕으로 선조의 기품과 얼이 역사적으로 분명하게 기록된 것을 지속적으로 교육하고, 유지해야 하는 정통성과 정체성을 갖춘 국문학이기에 시조를 익혀서 우리의 메마른 정서적 감성을 길러야 한다."고 했다.

서병진 시조 시인은 고등학교장으로 재직할 때는 학생들의 적성 찾아주기와 정서 함양을 위한 교육을 적극적으로 권장하는 일선 현장 실무형 교장선생님으로 교육계에 잘 알려진 인물이다. 그리고 스트레스를 못 이겨 인생을 포기하거나 극단적인 선택으로 끝을 맺는 경우를 매스컴으로 자주 보고 있다.

이렇게 되지 않기 위해서는 학교 성적을 우선하는 교육방식을 바꿔나가야 한다. 국어 시간에 실제로 시조 쓰기, 시조 감상 등으로 내면의 응어리를 정화하고, 학습 분위기도 전환하여 시적 공감을 함께 하는 교육을 지향해 나가는 탈출구가 필요한 것이다.

오직 학생들에게 학습을 통하여 시험성적만을 강요하지 않고 학생들의 적성을 찾아서 잘하는 분야로 진로를 선택하도록 돕는 것이 꼭 필요하다는 신념으로 학생 지도하는 교육전문가였다. 정년 퇴임 후 시조 시인으로 시조의 저변확대와 보급을 위해 적극적으로 실행하셨던 분이다.

지금까지 모두 4권의 시조집을 발간하였으며, 이번 제4 시조집 『문학은 삶을 윤택하게 하는 도구』라는 이름을 붙였으며, 시조 작품집은 5부로 편집하여 수록하였다.

1부 문학기행은 이삭줍기, 2부 문학은 비타민, 3부 문학은 삶을 윤택하게 하는 도구, 4부 이파리 없는 나무도 숨은 쉰다. 5부 디카 시조로 편성하였다.

2. 일상에서 건져 올린 시조 작품을 통하여 살펴본 작가의 시적 이미지

1) 문학기행은 이삭줍기이다.

　　월요일 월색으로 짓는 시 찬란하고
　　화요일 화려하게 지은 시 빛나는 시
　　수요일 수수하게도 지은 시가 명시다

목요일 목숨 바쳐 지은 시 최고이며
금요일 금쪽같이 지은 시 금 같은 시
토요일 토란 알처럼 책갈피에 담는다

일요일 일하면서 지은 시 모아보니
요일은 감성 따라 시 작품 맛깔 난다
글감은 정서에 따라 이삭줍기 즐겁다.

〈요일 이삭줍기 줍기〉 전문

  일상생활에서 모든 사람이 매일 확인하는 것은 날짜와 요일이다. 이것은 살아가는 동안 일정을 확인하고 약속을 잡을 때에는 필요한 것이다. 약속은 시대를 초월하여 아날로그 세대부터 오늘날 디지털 시대를 지나 인공지능 (AI) 시대에도 지켜야 하는 것으로 불문율이다.
  서병진 시인은 요일을 떠올리며 시를 짓고 또 그 시를 바탕으로 시조 작품으로 남겼다. 인용한 작품은 〈요일 이삭줍기〉는 일주일이라는 요일별로 느낌을 시적으로 표현한 연시조이다.
  직장생활을 하는 사람 제일 싫어하는 월요일은 달빛이 아름다운 밤으로 나타내었고, 금요일은 금쪽같이 여기며 가족과 함께하는 날이라며, 화목한 가족관계가 중요하다는 것을 강조하고, 토요일은 알토란 같은 시간으로 개인적인 취미 생활을 하고 동호인을 만나서 좋은 시간으로 갈무리한다.

시상을 읽어보면서 진정한 문학인으로 경륜을 거쳐야 나오는 문장은 백미이다. 시조는 율격을 중시하는 전통문학이다. 문학이라는 창작활동 공간에서 50년이라는 생활을 하는 동안 집필한 저서를 살펴보면 논문집: [대학수학능력시험 실험평가 연구] 외 14집, 수필집: [嘉山으로 가는 길] ,칼럼집: [세상 이야기], 시조집: [너른지 메아리, 고성 메아리, 님의 메아리, 문학은 삶을 윤택하게 하는 도구], 시집: [가산으로 가는 길, 이파리 없는 나무도 숨은 쉰다, 고향은 어머니의 강, 세월 속에서 꽃은 핀다, 시간은 흔적을 남긴다, 장곡산 메아리, 고성 메아리, 문학기행은 이삭줍기] 외 12권, 공저: [한국대표명시선] 등 수많은 저서를 남긴 대표적인 원로 문인이다.

　2) 문학은 비타민이다.

　　　서울의 거리로서 교통도 중심거리
　　　대중의 문화거리 편안한 마음으로
　　　먹거리 많은 거리라 호주머니 가볍다

　　　밤거리 요란하고 별들과 친목 되어
　　　젊은 층 집중 모여 주장을 소리높여
　　　술잔에 높이 담아서 흔들면서 여기다

　　　정치나 행정으로 앞서는 종로구다

청와대 민족관의 역사 속 북한산의
남산을 바라보면서 이 땅으로 지킨다.

〈종로 거리〉전문

　인체에서 적정수준의 함량 유지를 해야 하는 필수 영양소인 비타민은 인체에서 정상적인 발육과 성장을 돕고 영양을 유지하는데 미량이지만 중요한 작용을 하는 유기 화합물이다. 필수적인 요건으로 하는 영양소인 탄수화물, 단백질, 지방과는 달리 체내에서 에너지원으로 사용되지 않으며, 생물체 구성 물질로도 작용하지 않는다.
　비타민은 많은 식품 중에 함유되어 있으며 지용성 비타민과 수용성 비타민으로 구분한다. 지용성 비타민에는 비타민 A, D, E, K가 있으며, 수용성 비타민 림프계에 의해 신체의 각 부위로 전달된다. 인체는 수용성 비타민보다 지용성 비타민을 더 많이 저장하고 있다.
　비타민 A와 D는 간에, 비타민 E는 체지방(體脂肪)과 생식기관에 저장된다. 비타민 K는 비교적 미량만이 저장된다. 비타민 A는 녹색 또는,
　황색식물에서 발견되는 β 카로틴으로부터 만들어진다. 비타민 A 결핍 시에는 피부나 눈의 건조와 발육이 제대로 이루어지지 않는다. 비타민 D는 대구나 다랑어의 간유에 많으며 장으로부터 칼슘의 흡수를 조절하므로 뼈의 발육에 필수적인 성분이

다.

비타민 D는 뼈를 튼튼하게 유지하는 기능을 한다. 대부분 태양광선에 의해 만들어지며 음식물로 섭취되는 비타민 D는 많지 않다. 햇빛을 받으면 피부 세포에서 합성되는데 이때 합성된 양이 대사에 필요한 양보다 부족하면 음식물로부터 섭취해야 한다.

비타민 E는 특정 식물성 기름에서 주로 발견되는 지용성 화합물(토코페롤)로 특히 밀의 맥아 유에 많이 들어 있다. 비타민 E는 산화 환원 반응의 해로운 영향으로부터 세포를 보호한다. 비타민 K는 녹색 잎채소에서 발견된다.

음식물을 통해 충분히 공급되며, 장 내에 살고 있는 세균에 의해 합성되기 때문에 고등동물에는 비타민 K 결핍증이 자연적으로 발생하는 일이 거의 없다. 그러나 비타민 K가 결핍되면 혈액의 응고가 지연되거나 방해되는 것은 프로트롬빈의 부족 때문이다.

이 물질을 간에서 합성하기 위해서는 비타민 K가 필요하다. 수용성 비타민은 장(腸)에서 흡수되어 순환계를 통해 비타민이 사용되는 특정한 세포 조지으로 운반된다.

비타민 C는 신선한 과일과 채소 등에 많으며 콜라겐, 호르몬 합성, 감염 저항성, 철분 흡수 증가, 항산화 등의 생리학적 기능을 한다. 비타민 C를 많이 섭취하면 감기 예방 및 면역 효과가 있다고, 알려져 있다.

서병진 시조 시인은 인사동이나 안국동, 종로3가의 탑골공원 등을 자주 찾는다. 탑골공원은 일제강점기 1919년 3월 19일 3.1운동이 시작되었던 곳이다. 당시에 학생 4천~5천 명이 모여서 정오 12시를 알리는 소리와 함께 '대한독립만세'를 외치고 팔각정에서 대한독립선언서를 낭독했다.

　여기서 시작된 만세운동은 전국적으로 퍼져 나갔다. 조선시대 4대 궁궐인 경복궁, 창경궁, 창덕궁, 덕수궁 그 인근의 운현궁, 청와대 일대로 문화탐방을 즐긴다. 종로3가역 뒷골목에서 인사동을 거쳐서 경복궁으로 이어지는 피맛골이 있고, 근래에서 송해의 거리라고 명명된 거리
　도 있고, 익선동으로 가는 길목은 계층 간에 서로가 어우러지는 술자리도 쉽게 볼 수 있다.

　안주도 노가리, 먹태, 돼지 김치찌개, 삼겹살, 파전, 녹두전 통닭 등으로 다양한 종류가 있다. 문인들은 왕조시대의 시조 시인의 풍류를 반추하면서 막걸리 한잔으로 시조 작품의 유람지를 더듬는다.

　전국에 어디를 가든지 절경 좋은 곳에는 정자가 있고, 암벽이나 계곡과 깊게 음각된 시조 한 수는 지은이의 이름이 있다. 이렇게 애국선열의 발자취를 따라가다 보면 가슴에 와닿는 것은 민족성인 은근과 끈기라는 것과 조선의 도읍지를 한양으로 지정한 무학대사의 풍수지리가 위대한 안목을 높이 평가하게 된다. 인간관계 역시 비타민이 삶 속에서도 필요한 것이다. 이것은 각자의 취미 생활을 통하여 삶의 수준을 향상시키는 촉매제가 되고 매개체가 된다라는 것이다.

서예가들은 평생을 붓으로 먹물을 찍어 글을 써오면서도 불평불만을 토로하지 않는다. 스스로 만족도 느끼고 있다. 화가는 붓과 물감으로 그리기만 하지만 재산축적이나 명예는 전혀 관심 두지 않는다.

작가는 언제 어디서나 생활 속에서 작품을 생각하고, 본인의 쌓인 경륜과 경험을 바탕으로 전통 율격을 반드시 지키는 연시조 작품을 엮어낸다.

3) 문학은 삶을 윤택하게 하는 도구이다.

> 소가야 고성 남산 든든한 뿌리내려
> 수천 년 세월 속에 지켜온 소나무들
> 바람이 불어도 올곧 시간 쌓은 천년송
>
> 고성 땅 고성 남산 정상에 올라 보면
> 시원한 앞바람이 가슴에 적셔주어
> 오가는 사람마다의 하늘 높은 애창곡
>
> 남산정 올라가서 시조창 부르면은
> 울림이 사방팔방 한눈에 들어온다
> 내일의 천년송 모습 오늘처럼 가꾸자.

〈천년송〉 전문

"문학기행은 이삭줍기이다." 상징적인 글을 최초로 언급하고 제시한 서병진 회장은 문학기행 장소를 물색하는데, 시적 표현을 많이 하는 바닷가를 고려하는 시조시인이다. 한국문예작가회에서 문학기행으로 다녀온 곳은 울릉도, 독도, 영종도, 무의도, 영흥도 연포해수욕장, 해미읍성, 통영, 경남 고성 상족암 일대였다.

관광버스로 귀갓길에 발표하는 기행문학상 수상자 전원에게 상금과 부상을 수여하여 문인들의 적극적인 문학 활동을 독려하고 있다. 한국문예작가회 서병진 회장은 늘 참신한 기획과 추진력 그리고 조금은 무뚝뚝한 성격이지만 속정이 많은 멋진 사나이며, 수학 선생님으로 논리정연하고 속셈까지 밝은 데다가 여학생들에게 인기 높은 교사로 알려져 있다.

그는 고성에서 태어나서 고등학교까지 고성 땅을 벗어나지 않았던 향토 시인이다. 그래서 그는 늘 고향을 가슴에 품고 끊임없이 고성 일대를 답사하였다. 가야 시대의 소가야의 옛 수도였던 고성군은 천년고찰 옥천사, 공룡 발자국을 확인할 수 있는 상족암 등의 유적지가 곳곳에 널려있다.

특히 송학동 고분은 커다란 산으로 알려져 있었으나, 왕의 무덤으로 추정이 되는 유물과 유적이 발굴되고부터는 문화재 보호구역으로 관리되고 있다. 고성 송학동 고분군은 고성읍 북쪽의 무기산 일대에 있는 가야 시대 고분군으로 7기가량의 고분이 밀집된 유적지이다.

소가야 왕들의 무덤으로 1999년부터 동아대학교 박물관의 고분 발굴 작업으로 밝혀냈으며, 언덕 위를 평평하게 고른 뒤 한 켜씩 다져가며 쌓아 올린 판축의 기술이 확인되었고, 제1호분은 모두 17개의 돌 덧널과 돌 방으로, 3개의 독립된 둥근 봉토를 가진 고분이 합쳐진 것으로 판명되어 일본의 전방후원분과 다른 모양의 무덤임이 밝혀졌다.

가장 북쪽에서 발견된 B-1호 돌 방은 전통적 가야 고분과는 다른 모양인데, 입구, 돌벽, 천장에 붉은색이 칠해져 있는 것이 확인되었으며, 출토 유물은 토기류와 금동 귀걸이, 마구, 금동 장식 큰 칼, 청동제 높은 잔등이 발굴되었다.

세계문화유산 송학동고분군은 소가야를 대표하는 유적으로 1963년 1월 21일 사적으로 지정되었다. 고성군 소재지 인근의 남산공원은 많은 주민이 산책하면서 힐링의 공간으로 활용하고 있고, 고성군 출신으로 지명도 높은 문인의 시비 14기 조성되어 있다.

야트막한 남산의 정자에 앉아 솔 향기 가득하고 피톤치드는 머리를 맑게 해주고, 눈앞에 잔잔한 호수 같은 한려수도의 새 섬은 아득하고 포근해 보이는 가슴 따뜻해지면, 시조 한 수는 술술 저절로 나온다.

문학기행은 늘 낯선 사물을 자세히 관찰하고 축적된 경험과 접목하고, 자연과 친하게 다가서야 한다. 고향 경남 고성을 아끼고, 자랑하며, 사랑하는 마음으로 연시조를 쓴다.

4) 이파리 없는 나무도 숨은 쉰다

    겨우내 기다린 듯 개구리 울음소리
    담장의 아지랑이 가슴에 품고서는
    입춘의 하늘이 반겨 봄날에는 울음 꽃

    힘차게 생동감을 휘날려 하늘 높이
    옷깃에 춘심으로 담아서 저 하늘에
    가득히
    기쁨 차게끔
    최고의 해 만만세.

            〈입춘 하늘〉 전문

  겨우내 움츠리고 두려움에 앙상하게 남은 가지는 참으로 애처롭게 보인다. 그래서 설마 하며 기다리는 봄기운에 움튼다. 이파리가 불쑥불쑥 거죽을 뚫고 나오는 위력은 천하장사의 힘보다 강하다고 한다. 봄을 기다리는 것은 사람만이 아니고 이 지구상의 모든 사물은 희망을 안고 산다. 그것이 봄이다.
  절기상 입춘이 지나고 논을 갈아엎고, 물을 가둬서 모내기 준비를 서둘러야 하고, 병충해를 방제하고, 개구리가 알을 낳고 올챙이가 되는 변태 과정을 알게 된다. 고성군 농어촌지역에 자란 서병진 시조 시인은 자연스럽게 농사일을 돕고 부모님이랑 모심기와 벼 베기는 예삿일이다.

　봄날의 울음 꽃은 봄비가 내리고 들녘에 불쑥불쑥 자라는 쑥을 캐러나 가자는 옆집에 사는 영순이의 목소리가 생생하게 들린다. 춘심으로 부푼 가슴은 늘 싱숭생숭 하기만 하다. 새싹은 올해에도 변함없이 기지개를 켠다.

5) 디카 시조

　　　남한강 흘러 흘러 띄우는 황포돛배
　　　물결에 벗 삼아야 시상도 떠오른다
　　　강물에 근심 버리면 시 한 수를 낚는다

　　　기폭에 희망 담아 힘차게 바람 안은
　　　여강의 황포돛대 어제와 오늘 풍경
　　　붓 챙긴 문학기행은 이삭줍기 참 좋다.

〈황포돛단배 타고〉 전문

여주는 여강(남한강)을 포근하게 안은 아늑하고 싱그러운 전원도시이다. 그 여강 상류 한가운데에는 '강천섬'이라는 특별한 섬이 있다. 여강길 코스는 바로 이 강천섬을 온전히 걸으며 자연을 온몸으로 느낄 수 있는 길이다.

강천마을 앞 버스정류장에서 시작했다. 강천리교를 건너 섬으로 진입하면 된다. 남녀노소 누구나 편안히 걸을 수 있는 길이었다. 넓은 잔디밭과 은행나무 길, 강변 데크 길과 쉼터들이 이어져 있어 강을 가까이 두고 천천히 사색하며 걷기에 딱 좋은 수도권에서 쉽게 찾는 문화탐방코스이다.

경강선 지하철을 이용하는 곳으로 접근성이 좋고 인근에는 세종대왕릉, 여주 나루, 여주보, 신륵사, 민성왕후 생가, 황포돛대 나루터가 있는 역사 문화 답사지역으로 이용하고 시민의 발길이 끊임없이 이어진다.

한국문예작가회에서 여주시 일대로 문학기행은 다녀오면서 순간의 장면을 포착하고 작품의 새싹을 띄우고, 발아시키고, 제대로 키워서 디카시조에서도 전통을 이어서 3장 6구 12소절 43자를 유지한 모범 시조시인이다.

주변의 사물의 관심을 두고 자세하게 오래오래 살펴보고, 인생 체험으로부터 우러나오는 진실성을 바탕으로 엮어내야 독자들이 많이 생길 것이다. 디카시조라는 용어를 최초로 쓴 작가는 한국문예작가회 서병진 회장이라고 널리 알려져 있다.

3. 맺는말

1) 시조 보급을 위한 심포지엄 개최

문학계에 시조를 널리 알리기 위하여 2022년 12월 10일 한국문예작가회 주관으로 심포지엄을 문인 200여 명이 참석한 가운데 제1회 '심포지엄 시조의 원류를 찾아서'라는 주제로 열렸다.

이날 주제 발표는 한국교원대학교 국문학과 학장을 지내신 원용우 문학박사를 모셨으며, 좌장으로 세종대학교 석좌교수, 동명대학교 총장을 역임하신 정순영 문학박사를 초청했었다.

이때 우리의 시조가 발생한 것은 고려말 무렵 역동 우탁의 탄로가를 고시조의 효시로 본다고 했다. 지금까지 시조는 기원설이 여러 갈래가 있다. 한 시에서 유래했다고 보는 이가 있고, 불가에서 왔다거나, 향가에서 왔다고 주장하는 학자도 있다.

그들은 향가나 고려가요를 매끄럽게 다듬고 정리하여 시조가 되었다고 설명한다. 그렇지만 어디에 그런 기록이 있다는 답변이 없다고 밝혔다. 이광녕 문학박사는 향가에서 나온 것이라고 주장한다.

그러면서 원용우 문학박사는 안향이 성리학을 받아들였고, 우탁의 스승인 안향에게서 성리학을 공부했다는 것과 고려말과 조선초의 신진사대부 세력이 성리학을 공부하였고, 그들의 시조가 지금까지 전해지고 있으며, 대표적인 시조가 고려말 정몽주의 충심을 표현한 단심가와 그의 절친 이방원의 화답 시조

'하여가'로 알고 있다.
 앞으로 더 많은 자료를 발굴하고 체계적으로 연구하면서 현대시조로 이론을 정립하여 유네스코 세계문화유산에 등재되도록 모든 문인의 힘을 모은다면 반드시 이루어지리라 믿는다. 그러면서 우리 시조시인은 좋은 작품을 많이 쓰고, 발표하고, 참여하여 많은 독자가 시조에 관심을 두도록 정성을 다해야 한다고 생각한다.

(2) 작품 발표하는 문학지의 편집 방향 획기적인 전환
 한국문예작가회에서 발행하고 있는 출판물 한국문예 제11호 출간부터는 기존의 여타문예지 편집 방향과는 전혀 색다르게 편집하였다. 편집 순서를 시조를 제일 앞에 싣게 하였다.
 이것은 서병진 시조시인의 획기적으로 변경하는 데 앞장서서 기획력과 지도력을 발휘한 독보적인 문학단체 회장이다. 앞으로 문단에서 발
 행하는 동인지의 순서를 기존의 틀을 벗어나야 한다는 의견이 확산되리라 기대가 크다.
 "우리 소리는 소중한 것이여! "라고 했던 판소리 명인 명창 박동진 선생의 한마디는 대한민국을 상징하는 명언이다. 시조는 우리가 소중하게 여기며, 이어가야 할 세계문화유산이다.
 요즘 옛것은 무조건 고루한 생각이라고 업신여기며, 멀리하고 작은 관심도 두지 않으려 한다. 외국에서 들어온 현대문학만을 선호하여 교과서에 수록되는 작품도 현대문학이 압도적

이다.

  시조는 교과서에서도 수록되는 작품 수가 고등학교의 경우에는 1984년에 42편까지 실렸던 시조가 소외받고, 배제되어 2001년 이후 2011까지는 2~3편에 불과하다. 이제는 소멸 위기까지 오지 않았나 하는 위기감마저 든다.

  뿌리 깊은 나무는 바람에 흔들리지 않는다. 앞으로 시조 문학의 부흥을 위한 국민의 의식 전환과 정신문화를 계승하고자 하는 교육을 지향하는데, 한마음을 모아야 한다.

서병진 제4시조집
문학은 삶을 윤택하게 하는 도구

- **초판·펴낸날** | 2025년 11월 22일
- **지은이** | 서병진
- **편 집** | 김삼석
- **펴낸곳** | 도서출판 아이비애드
- **디자인** | 아이비문화 김삼석
- **출판신고** | 제 2014-0 00131호3
- **주소** | 서울시 중구 을지로14길 12(을지로 3가)
- **전화** | 02-2274-4110

- **ISBN** | 979-11-88787-39-5
- **정가** | 20,000원
- **후원계좌** | 국민은행 102-05-0046-251 (예금주 : 서병진)

- 이 책의 판권은 지은이에 있으며,
  저작권법에 의해 보호받는 저작물이므로 무단전제와 복제를 금합니다.
- 잘못된 책은 바꿔드립니다.